Prólogo

Poesía. Ante la tentativa de buscar "una sorpresa" en su librito (por su extensión; librón si atendemos a lo evocador de sus palabras), lamento comunicarle el fracaso de mi empresa.

Le vi, Poesía, reflejada en su Pasión Derramada por la vida, en su impulso y, como usted misma dice, su luz. He intuido ver a su vecina-amiga-actriz-evangélica de la infancia (¿Pamela?) en el personaje de Rhina: "Rhina no tenía mucha emoción en su vida. Era tranquila, recatada. Simplemente normal. Pero, ¿qué hacía en la ciudad si no era especial, si eras simplemente normal? Ella tenías algo especial: su amistad con Zamira.

He respingado con Branco, proveniente "de la España del sur", descrito con aire agitanado y, casualidades o causalidades de la vida, con quien este humilde lector-admirador comparte número de letras y únicas 2 vocales en su nombre, ordenadamente dispuestas. Personaje brusco y algo torpón emocionalmente, me quedo con el "Zamira sedujo a Branco, lo llevó hasta su cama en un intento bienintencionado de que él la conociera más", esperando que este segundo venido "de la España del sur" que soy yo sepa caminar mejor por los caminos de esa ciudad de lo que supo, quiso o pudo el primero, real o imaginario.

La ciudad, mundo de los sueños, mundo mental, prisma desde donde ver, conocer, discernir y admirar el mundo que pasa, acaso sólo para imaginarlo, quizá sueño en sí mismo y no más, se me presenta ahora con todo su atractivo, con todo su magnetismo. Más aún cuando conociendo las lomas, las planicies y las costas que circunscriben a la Ciudad; las vegetaciones que la pueblan, las ordenanzas municipales que la guían hacia el futuro, el sentir de su población, siento que sólo un idiota no querría quedarse en esta Ciudad y disfrutarla, agradecido siempre.

Una última cosa. Esta ciudad, esta Poesía es sublime cuando se coloca donde sea que se colocase aquel día que se decidió a imprimir sincera las palabras del último capítulo.

Si los demás nacen de una pulsión, hasta de una auto-admiración, éste último, dedicado a Hari, nace de las catacumbas de Dios. Si los demás mueven, el último conmueve.

Si los demás llaman a la acción, el último arrasa. Si el resto está escrito por la literatura esperanzada, el último es Poesía encontrada. Si el resto es búsqueda, el último es conexión. Desde ahí, en adelante y siempre, lo que usted quiera.

Carlos de la Rosa

A todo el que ha pasado por mi vida, convirtiéndose en gran fuente de inspiración; sabiéndolo o no.

G.M

La pasión derramada

Cuando la espera se hace eterna empiezas a darte cuenta de que las palabras no son suficientes, de que el tiempo vuela y no lo puedes alcanzar, que la música fluye más rápido que tú. Todo es desesperante, mas esa desesperación alivia, sí, alivia.

Como el reloj que miras por décima vez para tu cita de las tres. ¡Y ya son las cinco! Vendrá, es lo que dices. No porque lo creas, sino porque lo necesitas creer. Llegará, llamará, aquí estará...

Sé que tal vez, al saberte el protagonista de esta obra te vanaglories. Eres inteligente, sabes que eres tú. No eres humilde. ¡Qué orgullo más grande es saberse la causa del insomnio de alguien! El ego enferma de obesidad mórbida si se entera del delirio de otro ser hacia sí. Cuando el sentimiento es mutuo es un cáliz de vida, pero sino, es una tortura cruel; la más cruel.

"La traigo loca. Desvaría en las noches por mi amor. Abraza su almohada simulándome a su lado".

Tal vez sí, te digo. Sin darte cuenta estarás tú más cerca de mí, o sino, no habrás aprendido nada, mas yo me llevaré este arte que creé. Luna, desde mi moto te veo pasar. ¿Por qué me sigues? ¿Por qué me provocas añoranzas eternas? ¿Por qué me encierras en mi propia mente? ¿Por qué mirarte provoca soñar?

Tengo miedo, porque te veo y mi corazón se desespera, no como cualquier cuento de amor, no, como algo diferente. Porque al final te hablo, te escribo, te pido, te sueño... y no eres más que Luna. Te persigo y no te alcanzo, mas no me siento desdichada y quiero seguirte más, buscarte más.

Tiemblo, ¿será de frío, de miedo, de incertidumbre? No sé. Poetisa confundida que lucha con las mentes, poetisa agradecida que aún busca un porqué. ¿Por qué? Si merezco lo mejor, ¿por qué no puedo desearlo? Si soy la dueña de mi destino, ¿por qué no puedo controlarlo?

No soy soberana en ninguna nación, pero mando en mis dedos, tan sólo una orden y ellos escriben, una emoción y ellos crean.

Noche oscura, la luz de un farol ilumina el semblante de entes eternos. La música de fondo me da la sensación de que aún soñamos. El terremoto en mi pecho me dice que aún vivo. El ardor en mi garganta me dice que aún tengo voces para exclamar. El aleteo en mi mente me dice que aún sueño. Tu silencio me dice que aún dudo... que aún espero por algo aunque no sepa lo que es... que aún busco respuestas. ¡No me detengan! Que mi boca grite cuando se desespere. Que mis manos tomen cuando se quieran saciar. Sólo escribo. Mi libro es mi mente. Me posee algún dios, creador de musas muertas que reviven mi memoria.

¿Quién me inspira? Nadie, todos. Mis escritos no son felices y sin embargo no son tristes. Mis escritos son fríos, no obstante, queman como el sol. No tienen motivo, pero sí razón de ser.

Pienso en esa espalda, la misma que acaricié con mis manos en un masaje sublime, la que besé lentamente y recorrí, ésa. En la que me perdí mientras te dejabas llevar. Aunque no fuiste el único al que le di aquel masaje, fuiste el único con el que lo disfruté al darlo.

Mi ego se sacia con la suavidad de las palabras, que aunque disfrazadas, y teniendo yo conocimiento de ello, siempre saben llegar hasta lo mas profundo. Como si las palabras fueran la única cosa que en realidad poseo, y sin embargo, las regalo sin cálculo alguno.

¡Qué fácil podemos juzgar a quien nos rodea, sin intentar siquiera, ponernos en sus pies y descubrir su interior! Y no lo digo por los que me han juzgado, sino, por aquellos a los que he juzgado en ocasiones.

Hay cierta felicidad en andar a oscuras. De cerillo en cerillo ya encontré la luz, pero no al final del túnel, la encontré antes. La vida es experiencia, sólo aprendemos cuando comenzamos a ver las consecuencias de nuestros actos, buenas o malas. Muchas veces, más con las malas que con las buenas. ¿Por qué será?

Forjamos los hierros de nuestra alma con cada experiencia y morimos un poco con cada desilusión. Respiramos en cada suspiro para sacar fuerzas y mantenernos de pie. Crecemos con cada error, y construimos con nuestras pocas virtudes, los escudos que repelen nuestros tantos defectos.

Ramsés

Ramsés llegó a **La ciudad** por una aventura del destino. Tocó una puerta y fue bien recibido. Del otro lado del umbral ya tenían sus segundas intenciones, quién quita que él también las tuviese. Todo normal, como cualquier principio, pero el ingenio no se da a esperar por quien sabe trabajar para conseguir lo que quiere.

Estaba convencido de que sabía cómo pensaban los demás. Se creía capaz de descifrar a alguien con una mirada. Éste es un juego peligroso. La ignorancia mayor está en creer que sabemos algo y estar totalmente lejos de la verdad.

Querer meterse en la mente de los otros es tan arriesgado, que muchas veces terminas descubriendo que lo que crees que sabes no es más que lo que tú piensas. Imagina eso, que no siempre es tu instinto quien te habla, sino tu prejuicio. Y terminas como aquel que jugó la lotería y no acertó ni un número, aunque vuelve y juega, y vuelve y pierde. Hay un tipo extraño de consuelo en hacer repetidamente algo que no da resultado.

Los resultados no siempre se tratan de que las cosas salgan bien, a veces es sobre que todo salga mal, porque eso también enseña. A veces más que la ganancia propia.

Zamira

Zamira fue el reflejo de él. Era lo que él era o intentaba ser. Chica transparente, pero impenetrable. Permisiva, pero insegura. Le mostró **La Ciudad**, aunque él bien la conocía, pero sólo conocía lo que su mente le hacía interpretar, lo que sus sentidos le invitaban a juzgar.

Conocería mucho más si se daba la oportunidad de verla a través de los ojos de alguien más. Ella era muy curiosa, por lo que siempre había que enseñarle lo mismo dos o tres veces. Sin embargo, era muy buena para enseñar.

"Conoceré todas las cosas desde el punto de vista de los demás, aprenderé de todos y de todo. Nunca juzgaré".

Así tuviera que experimentar en su propia piel cada sensación, cada alegría, cada tristeza. Ella necesitaba sentir lo que todos sentían, para poder así saber qué inspira cada acción, qué provoca cada locura o genialidad, y de esa manera, convertirse ella en ese ser con la capacidad de no juzgar y de entender todo.

Pero a diferencia de Ramsés, ella no tenía la certeza de nada. Dudaba hasta de sus propios pensamientos, como para ser tan pretenciosa de creer que sabía lo que los otros pensaban.

Los suburbios me hacen perder, la metrópolis me acorrala. Pero esta **"Ciudad"** es perfecta, tiene nombre pero la bautizaré, como todos la han bautizado ya. Su nombre es la vivencia de cada uno de sus personajes. Es la progenitora de entes sin descanso en un place que hace todo por ellos. Confusión o engaño, realidad alterna. La vida es de quien la vive y la muerte es de quien la llama, pero esta ciudad es nuestra, es mía.

La pasión derramada no es precisamente aquella que se desborda en un acto de placer de dos o más entes con locura temporal *(Amor)*. Es justamente el momento antes, mucho antes. El que te hace dudar. La pasión derramada es el temor a equivocarse, lo demás es el acto, es la cumbre de tus emociones, la cúspide de tus deseos... ***La pasión Desarmada.***

La pasión desarmada

Nada pasará a otro plano sin conexión. Será complejo, pero no imposible de entender. Sólo pon atención y las palabras cobrarán sentido. Sentirás el éxtasis que siento al escribir, verás mis sueños proyectados en tu memoria y serás parte de la obra, no por voluntad, sino por obligación.

Zamira, qué difícil será hablar de ella. Tan difícil como se le hizo a él conquistarla, si se puede así llamar. Ella entró en **La Ciudad** mucho antes que él, desde luego. El día que coincidieron fue para los dos un principio y un final.

Chica sumisa, mira por encima de los hombros y escucha con detenimiento. Come más de lo que cocina y aun así queda hambrienta. Zamira es ella, sólo ella. La juzgarás mil veces y nunca acertarás. Tal vez en lo fácil que salta a la vista, pero nunca la conocerás. Incluso si llegas a conocerla, cuando por fin creas que ya sabes todo sobre ella, entonces ella cambiará.

"No es que finja personalidades.
¡Es que no tiene personalidad!"

Zamira es la joven despistada que no se puede describir. Llegó a **La Ciudad** y le puso por nombre: *La Muralla*. Casi impenetrable, pero con su punto débil, como todas las cosas. Al principio sintió temor. **La ciudad** era demasiado oscura y para ella desconocida, pero su don es la confianza. Se involucró rápidamente. Quería conocer gentes y penetrar mentes. Quería ser la reina del lugar, con o sin corona, sólo le importaba el título del cual se creía merecedora. Con su luz se creía capaz de cambiar todo. Y no era del todo falso, en lo que nunca pensó, fue en el precio que tenía que pagar.

Caminó sin rumbo durante *Años*, sus calles se tornaron monótonas, sus personajes se volvieron deprimentes y extraños. Pensó en abandonarla, pero la ciudad con su magia la envolvía y no la dejaba escapar.

"La magia no son las hadas ni las brujas.
La magia es lo que llevas dentro".

Ramsés no tenía miedo de nada. Es el hombre fuerte que se caracteriza por la tristeza ausente. Charla con los entes de **La Ciudad** descuidadamente. Todos cuidan su casa con celo, pero él deja entrar a cualquiera como si nada fuera peligroso. Es tan seguro de sí mismo que confunde.

Pasó la mayor parte de su tiempo tratando de convencer a Zamira para que se fuera con él. Para que juntos se perdieran en un abismo de confusiones que no pudieran controlar. Al principio no tenía un verdadero interés, pensó, tal vez, que ella no aceptaría, y que aquella proposición no sería más que el reflejo de un intento.

Ella pensaba cada vez más en él, era obvio que no aceptaría su propuesta. Su presencia es misteriosa hasta para ella misma. Su mente es tan inmensa que no tiene fin. Se metió a ella un instante para buscar la respuesta y se perdió. Se perdió en el abismo de sus deseos. Se perdió queriendo encontrarse y decidió que era mejor no intentarlo de nuevo.

Hizo el amor con él toda la noche. Mas él no estaba en su cama. Lo buscó entre las sábanas, pero jamás lo vio. Lo sintió, miró sus piernas y estaban empapadas, tocó sus manos y el néctar del deseo fluía a través de sus dedos.

A ella le asustaba el nombre que él le había puesto a la ciudad. ¿Por qué? Se preguntaba sin cesar. Era incluso incapaz de repetirlo, era incluso, incapaz de recordarlo.

La pasión desarmada son los cuerpos al desnudo. Nuestra imaginación juega con los entes, pero en realidad son ilusiones que se desvanecen con la verdad. Somos capaces de imaginar todo, de pensar todo pero, ¿qué somos capaces de hacer?

¡Todos los días son maravillosos! Se pueden disfrutar sin importar si es el inicio o el fin de la semana. Si hay trabajo o vacaciones. Sin importar si hay victoria o tragedia. Porque lo que celebramos no es lo que está pasando en el momento, sino, lo que podría pasar. Lo mismo con lo que sufrimos.

Uno siempre consigue lo que quiere si lo quiere de verdad. Una sola cosa que hagas me hará darme cuenta de si en realidad me deseas, no ese millón de cosas que haces para llamar mi atención. A veces, es incluso lo que no haces, lo que me lleva a darme cuenta de que has enloquecido por mí.

Cometeré los errores que deba cometer, volveré las veces que tenga que volver, pero no tendré orgullo ni arrogancia, ya que no he de perder lo que podría ser.

Actos de desesperación, todos cometemos. Sin embargo, de nada me arrepiento, disfruto mientras las cosas buenas duran, sonriendo, por lo buenas que fueron, ilusionándose mi mente con lo magníficas que podrían llegar a ser.

Zamira / Ramsés

Se supone que no se iban a besar. Ella no lo haría, se encargaría de encaminarlo al frenesí sin dejarse llevar. Sentimientos no. Él disfrutaría frío del momento. Sólo la dejaría a ella guiarlo hacia ese camino de perdición. No la tocaría más de lo necesario, no la miraría. Su mirada es su arma poderosa.

A él no le interesaba conquistarla porque ella ya había aceptado estar ahí, no le interesaba más. Pero rompieron las reglas, ella hizo algo inesperado: estaba fría, más fría que él. Se limitaría a hacerlo sentir y, *¡sí que lo estaba logrando!*

Él estaba sintiendo todo, su corazón comenzó a latir más de lo normal, su cuerpo comenzó a bombear más sangre, sus ojos se volvieron hacia ella: la miró. Cometió el único error que no podía cometer, cayó en su propia trampa. Corrió directo al matadero de las emociones. Se entregó sin reparos ni ataduras.

"Cuando los cuerpos se unen en función a sus actividades la nada comienza a tomar forma. El todo se convierte en otra cosa".

***

Una noche en un bar, una chica conoció a un hombre maravilloso. Hablaron durante horas. Hicieron bromas de todo tipo y por momentos, se quedaban mirándose como dos tontos sin decir nada. Luego de unos cuantos tragos terminaron en la casa de ella. Hicieron el amor como si fuera la primera vez, o la última. Se conjugaron de una manera tal, que parecía que la definición del amor había sido creada por y para ellos. No sólo era pasión, había algo más entre esas sábanas. No se trataba sólo del sexo, y si el sexo es definitivamente un arte, ellos fueron dos artistas en su máxima expresión.

Al día siguiente se despidieron como quien marcha a la guerra y espera un milagro que le aparte de su nefasto destino. Devolverse de la escalera para dar un último beso. Y otro más. Sonrisitas descaradas. Agarradas de nalgas con pasión. El preguntarse si ese trabajo es tan necesario, y si vale la pena conservarlo en vez de irse a la cama una vez más a realizar travesuras.

Al final, puede que eso sea lo único que en verdad tenga algún valor en esta vida. No las travesuras. El poder ser libres. Siempre.

Resulta que luego de ese día la chica se quedó esperando una llamada o tan siquiera que le contestara sus mensajes. Nada. Se esfumó. Aunque no del todo. De vez en cuando estaba ahí, amenazando con que nada le importa ante la sombra de un: *"en línea"*.

Ella llegó a pensar que a lo mejor había muerto o sufrido un accidente y que algún familiar manejaba su teléfono. Pero eso no explicaba por qué no había obtenido respuesta a ninguno de sus catorce mensajes. Pensó que tal vez debía haber desistido después del séptimo, o del tercero. Pero así somos.

Las reglas las pone **La Ciudad**, pero los entes no se pueden controlar. Es ahí donde juega un papel muy importante el control de nuestros deseos. Pero no siempre se dejan controlar. Sin embargo, no somos más que parte de un todo, somos al fin y al cabo, una partícula minúscula de... ***El tumulto.***

El tumulto

Ahora estoy frente al mar, el viento golpea mi rostro y en ocasiones el agua me salpica. A veces lo recorro en un vuelo lento. Surcándolo con mis alas, a él y a su hermano el cielo. Las olas están excitadas, invitan a la marea a hacer locuras, a juguetear con la orilla. Escucho su risa, siempre ríe. Acaba de mostrarme un arcoíris maravilloso como diciendo: *¡Ven, ven a jugar!* Pero no te acerques mucho, sólo observa y aprende.

La vida es como el mar: en momentos suele estar serena, y otras veces es un huracán ardiente, sofocado por inquietudes desconocidas. Nosotros somos barcos y navegamos sobre ella. A veces nos deja, y otras tantas nos traga, y nos lleva a su interior para decirnos:

"Yo tengo el control y el poder, tú me perteneces a mí".

Veo la gente pasar, las masas atraídas por el espectáculo. Caminan con los ojos vendados hacia los vendedores de sueños. Los menos afortunados los compran, se llenan el bolsillo de sueños vacíos, seducidos por la envoltura, y al llegar al hogar y abrirlos, se desvanecen en esperanzas utópicas. Los más abiertos de mente, por así nombrarlos, no se dejan engañar. Saben que los sueños son gratis, y que no se pueden encontrar en una feria.

Lo que sí compran son ilusiones, y un poquito de esperanza. El precio es un pedacito de ellos mismos, es un granito de ser. Hacer alguna locura y beber del cáliz del olvido. A veces botamos la piel, nacemos de nuevo, y ocurre más de lo que pensamos. Lo único malo de los juegos es que uno gana y el otro pierde. Pocos empatan. Aunque el objetivo sea divertirse, hemos inventado la necesidad de competir.

Del fuego nacen los fuertes, forjados con la rudeza de la experiencia, pero si es más grande el obstáculo que nos pisa y el fuego nos consume, como el *Fénix* resurjamos de las cenizas.

No tener sentimientos es malo, pero tener demasiados es peligroso. Si quieres buenas respuestas debes hacer buenas preguntas. Fuerte es descubrir en las miradas ese sentimiento oculto que no se ve en las fotos que muestran la alegría, cuando revelan el terror de lo que no se sabe. El camuflaje de la mentira en una lluvia de sonrisas. Pocos demuestran quiénes son en realidad

No hay conflicto mayor que el que se tiene con uno mismo. No hay testigos, no hay jueces, sólo tu conciencia en contra de un orgullo que quiere hacer lo que le place sin ataduras ni temores.

¿Ese miedo a lo que piensen los demás viene acaso del miedo a quedarse solo? ¿Es posible volverse alguien tan despreciable que nadie quiera quererlo aunque sea un poco? ¿Es posible que sea alguien tan dulce que todos quieran probar un bocado?

"De la necesidad de complacer a todo el mundo nace la falta de necesidad de complacerse a sí mismo".

Hari

Hari llegó a **La Ciudad** y rápidamente quiso cambiarla, modificarla a su manera, darle su forma. Él no entendía, que no puede ser modificada ni destruida, que ella no se adapta a ti, ella no obedece a tus reglas, tú eres quien tienes que adaptarte a ella. Es el chico sublime que vuela en sus pensamientos. Desde la cima de un edificio de ilusiones crea su arte. No es superficial, pero carece de profundidad. Se oculta en los dones que germinaron en él. Ésta es la única manera en que puede ser lo que quiera sin dejar de pertenecer a un mundo construido para no aceptarlo.

En el mundo real, pertenece a ese grupo de la sociedad que nació sin opciones, pero que por alguna razón, todos piensan que sí las tienen. ¿Quién tiene en realidad alguna opción para ser lo que fuere.

Todos los creen tan privilegiados, tan libres, pero en realidad, sus vidas son un espejo que refleja la más cruda realidad de las profundidades de nuestra mente.

Los habitantes de **La Ciudad** tienen algo en común: nadie puede conocerlos intrínsecamente. Ellos son sólo ellos, sin más ni más. Intentar descifrar lo que son, es recorrer un inmenso desierto, sin calzado, con una gran botella de agua con un pequeño agujero por debajo.

Así andamos en la vida, con botellas de agua con agujeros. Grandes botellas, y por eso creemos que la pérdida de cada gota no es importante. Botamos un pedazo de vida; regamos el conocimiento aún antes de poseerlo.

De día, el desierto nos quema, y de noche, nos asusta con su espesa oscuridad. En la madrugada contamos cada minuto para la llegada del alba, y al ocaso, suplicamos a *Morfeo* que nos lleve en sus brazos para estar dormidos cuando la luz se apague.

¿Cuántos desean vivir en la utopía? Añoran la llegada de un ser mágico que elimine el mal desde sus raíces. ¡Somos bestias! Si el mal no existiera tampoco existiría el bien. No existe héroe sin villano ni manera de hacer lo justo sin lo injusto.

¡Qué tonto es el ser humano! Ha creado el mal y ahora no sabe cómo erradicarlo, no sabe cómo vivir sin él. Nosotros creamos al villano para poder ser héroes.

El ser humano ha inventado tantas cosas sólo para perderse en ellas. Sólo encuentra las respuestas cuando se reduce a la nada y acepta su magnificencia. En verdad deseamos tanto las respuestas de preguntas nunca hechas e ignoramos las verdades ocultas en las consecuencias de nuestros actos.

Hari conoció a Zamira un día nublado. **La Ciudad** no tiene cielo. Como todos saben, el cielo es una ilusión. El día nublado no era más que lo que había en sus corazones. Una especie de melancolía, esperando la lluvia para volar en ella y olvidar un poco el tiempo, que es otra ilusión. Ella sentía que lo conocía desde siglos pasados. Nunca ha sido creyente de ningún dogma, sin embargo, por Hari, ella sueña con que *"las vidas pasadas y futuras"* sean reales.

Él quería ser escuchado aunque no fuera entendido. Necesitaba alguien que creyera en él sin prejuicios y con la libertad que sólo puede dar el amor real de seres sinceros del alma y de espíritu libre y alegre. ¿Es tan difícil amar sin los condicionamientos que la sociedad ha impuesto sobre nuestras cabezas?

Zamira sentía por Hari algo especial. No estaba enamorada de él, pero lo admiraba. Las momentos con él eran la prueba de que la humanidad aún vale la pena. A él no sólo le gustaba el arte, él era arte. Ella sentía admiración por pocas personas, se podría decir que él la inspiraba a admirarlo.

A veces las palabras de Hari parecían no tener sentido, hablaba siempre en metáforas y en tercera persona. Preguntaba poco y respondía en monosílabos. En ocasiones, simplemente se limitaba a sonreír. Una sonrisa mágica llena de encanto, una sonrisa capaz de revivir almas destruidas por mentes inestables que perdieron la fe. Hari era todo lo que ella podía soñar ser.

"Todos pertenecemos al tumulto, buscamos de manera colectiva lo que debería ser encontrado de forma individual".

Rhina

Rhina llegó a **La Ciudad,** perdida. Ella realmente andaba casi siempre perdida y eso le daba un punto a su favor. Vivir con esa inocencia e ingenuidad creaba a su vez una barrera que la protegía del mal. Para ella, todo era bueno y bonito, el mundo era una utopía hecha realidad. La inteligencia primaba en su ser, muchos tienden a confundir la ingenuidad con estupidez, pero no.

Ella era hábil para sobrevivir, aunque a veces las olas del mar de la vida la llevaran demasiado lejos hasta perderse, como el día que llegó a **La Ciudad.**

Rhina es la estrella que no se reconoce. No sabemos si está ahí todas las noches, si es la misma estrella. A veces brilla, a veces se apaga. La vida suele confundirla en ella misma. Ella tenía *Eso* que todos quieren tener y muy pocos logran poseer: *"Un panal de miel sin abejas".*

La gente ve el panal y temen acercarse por las fuertes picaduras, pero si no aguantas algunas primero, no podrás conseguirlo. El suyo es dulce y fresco, demasiado dulce se podría decir. Toma trozos de él cuando su vida se amarga. Es un remedio instantáneo.

Siempre muestra una timidez un tanto inusual, como si tuviera miedo de expresarse. Como si creyera que sus palabras se convertirán en cuchillos y van a herir a alguien.

En su niñez, Rhina no era casi escuchada. Decías cosas a las que nadie le ponía atención. Quería contar historias que a nadie le resultaban interesantes. Entonces, decidió que a lo mejor era preferible reservarse sus pensamientos para sí misma, y cuando creció, este sentimiento se agudizó hasta el punto de que aún le cuesta creerse parte, creerse importante, creerse alguien.

Estas no son cosas que se pueden sanar de un día para otro, pero cuando llega alguien a tu vida que te ve con los ojos de la grandeza y del amor, comienzas a darte cuenta de que tal vez, sí eres el resultado de tu crianza y lo que fuiste, pero los resultados se cambian con nuevas experiencias, con nuevas creencias.

No se puede sembrar confianza donde no hay abono de amor, pero con sólo un poquito de admiración ajena, va creciendo una pequeña semilla que te muestra que lo minúsculo que fuiste para alguien, es directamente proporcional a lo grande que eres para la vida de un ser que descubrió tu esencia, y te quiere ayudar a verla en ese espejo que lleva grabado por siempre tu nombre y tu imagen.

Eres grande Rhina. Lo especial de tu ser es que eres capaz de seguir con inocencia cuando amas. Lo importante de tu alma, es que sabe querer tan honestamente que no necesita máscaras. Lo más bello de tu esencia es que tu corazón es todavía irrompible e inmune a las más crudas maldades.

"Cuando la inseguridad ponga dudas en tu cabeza recuerda un abrazo sincero que alguien te dio. Una sonrisa, o un gracias que provocaste. Un te amo que sabes que no puedes negar. Eso lo hiciste tú. Ésa es tu grandeza".

Rhina es la luz del sol que se cuela por la ventana. El agua que da un masaje a la garganta sedienta. El tesoro que buscamos con ansiedad siguiendo el mapa de nuestra mente y nada más. Ella es la luz al final del túnel. Hasta llegar a... *La cumbre.*

La cumbre

Pon los ojos en el camino, será mejor. Que por estar mirando el cielo dejaste escapar las estrellas de la Tierra, y esas del espacio jamás bajaron a acompañarte.

No es un prejuicio, pero desconfío de las personas que no saben responder a las preguntas por no escucharlas o leerlas bien. Y no sólo las preguntas, incluso todo lo demás.

Detenerse a escuchar o a leer, es demostrar que la inteligencia no es saber la respuesta rápidamente, sino saberla correctamente, aunque para ello, debamos no saberla desde un principio e investigar cuál es. Porque como dijo Emerson:

> *"En la vida, no es necesario sólo poseer una buena mente.*
> *También hay que saber utilizarla".*

No busques coherencia en mis palabras, que la tienen, pero tú no la vas a encontrar. Y no estoy siendo arrogante ni lanzando indirectas puntiagudas. No estoy diciendo que soy compleja y tú simple, de hecho, mi simpleza me corroe como las ratas a los libros de una vieja y abandonada biblioteca con miles de cuentos olvidados. Sólo estoy diciendo que ni yo me entiendo.

> *"Brincando de bote en bote voy. Caigo al agua de vez en cuando a*
> *empaparme de metáforas que duelen al convertirse en ironía".*

Cuando la chica que conoció al hombre *"perfecto"* en un bar se dio cuenta de que había sido víctima de lo que hoy en día llaman *"Ghosting"*, empezó a hacer lo que cualquier persona normal haría: pensar qué había hecho mal. Irónicamente, sólo podía recordar que ambos la estaban pasando de maravilla. Se negaba a creer que todo había sido una actuación,

¡Pero, qué absurdos somos! Nos culpamos de los actos de otros. Pensamos siempre que es algo que hicimos. Como un extraño método de defensa nos atacamos a nosotros mismos.

Si no le gustaste a alguien, no es tu responsabilidad. No puedes vivir modificándote todo el tiempo para gustarle a los demás. Lo ideal es encontrar a alguien a quien le guste lo que somos, no que lo que somos le guste a todo el mundo. Lo ideal es poder ser siempre auténticos y reales.

La vida nos plantea a veces un broma paradójica, donde si nos pasa algo bueno, no andamos por ahí creyendo que nos pasará de nuevo. No obstante, por mínimo que sea, si nos pasa algo malo, creemos entonces que la experiencia se va a repetir siempre en cada caso. Muchos le llaman trauma, yo le llamo, con el debido respeto, falta de sentido común.

Ónix

"Ónix era el fantasma de La Ciudad, nunca salía de ella".

Todos, de vez en cuando, salían al mundo exterior, aunque regresaran rápidamente, ya que no podían mantenerse muy lejos de **La Ciudad**. Ésta poseía un imán atrayente, como si una fuerza desconocida los impulsara a no alejarse. Como si supieran que allí dentro podían siempre ser ellos mismos. Sin ser juzgados por quienes se creen superiores, aunque lo sean. Allí dentro, era incluso posible lograrlo todo, conseguirlo todo, alcanzarlo todo. Maravilloso lugar, abierto sólo para aquellos que se desnudan sin temor ante un mundo que detesta la desnudez. Ante un mundo que necesita ropa en el cuerpo para ocultar la suciedad de la mente.

Ónix era el inconforme, no estaba de acuerdo con las leyes de la vida: ¿Para qué comer, dormir, descansar? Se preguntaba. ¿Por qué los seres humanos somos entes sin descanso? ¿Por qué tiene que acabar la vida? A veces incluso, antes de siquiera empezar.

"Deberíamos andar por el mundo con la capacidad de no depender de nada".

Sufre de una especie de *tanatofobia*. Vive con la creencia, o más bien, con la certeza, de que la muerte llegaría un día específico a reclamar su alma y su cuerpo, personalmente. Una fecha que repetía constantemente, sin el miedo a ser juzgado. Una fecha en la que, al despertarse, sabría que sería su último día en la Tierra, tanto en el mundo real, como en **La Ciudad.**

Pero para eso faltaba mucho aún. Por el momento, su misión consistía en envolver a esa criatura que un día conoció por un accidente planeado, a ésa que sabía todo lo que él iba a decir, antes de que lo dijera. Ésa que sabía todo lo que iba a hacer antes de que lo hiciera, pero aún así, no podía ganarle nunca en un juego de estrategias.

Zoé

Zoé vio a Ónix y de inmediato sintió una profunda atracción, no era casualidad. No existen las coincidencias, sólo pasa lo inevitable. Ella supo que él no era como los demás, ella vio el misterio en sus ojos. Quiso descubrirlo, quiso saber qué guardaba en su mente, qué secretos fascinantes envolverían su memoria. Pero también le asustaba.

A veces Ónix hablaba de cosas extrañas que ella no podía comprender, sonreía falsamente y fingía estar emocionada. Lo analizaba cada noche, era imposible conocerlo, era imposible saber cuáles eran sus intenciones. Era imposible entrar en él.

Zoé era ella y aquélla, no le gustaba ser evaluada por los demás ni ser tocada ni observada. Mas no era huraña, era sólo hasta donde la dejaran llegar, aunque ella no te dejara llegar demasiado lejos. Era muy inteligente, evaluaba a las gentes de la ciudad con extrema certeza, sólo un vistazo y era capaz de conocer su pasado, sus temores, sus anhelos. No era magia ni brujería, no, tal vez se trataba sólo de sentido común, un muy desarrollado y afinado, a veces temeroso, sentido común.

Que era perfecta, eso decían muchos. Bella, diferente, por supuesto, especial, sin complejos. Le fascina el sexo. ¡En verdad le fascina! Estar cerca de un hombre significa siempre una aventura nueva por iniciar, pero sólo se acuesta con los hombres de *La Ciudad*, no con todos, pero sí definitivamente, tenían que pertenecer a la ciudad para poder tocar sus más íntimos rincones.

Lo mejor de **La Ciudad** es que no te expones a ser juzgado, las personas allí no se atreven a señalarte porque saben que la vida es más que un comentario, mucho más que una primera impresión, y mucho más que su opinión personal.

El ser humano destruye todo a su paso. No es capaz de seguir reglas, de organizarse, de vivir en armonía. Necesita el sobresalto para estar tranquilo, el sufrimiento para ser feliz y la dependencia para ser libre.

La cumbre no es el cielo. Hay algo más allá que nos hace diferentes, ver mucho más de lo que nuestros ojos nos muestran. Pocos tienen ese don. Por eso *La Ciudad* no admite a todo el mundo, es invisible para los que no saben ver más allá de esos faroles que juzgan todo de manera inclemente.

No es cierto que todos somos iguales, la diversidad y el cambio son las únicas constantes. Quienes se niegan a cambiar o a ser diferentes se estancan. Cierran las puertas al futuro y viven en una habitación vacía. Llenan el espacio con ilusiones imaginarias, y perecen en eso que se ha nombrado: *tristeza*.

Cuando se habla de amor las trompetas suenan. El tema que causa el revuelo, el tema que confunde. El amor es uno sólo, las definiciones dadas por el mundo, infinitas. Zoé tenía miedo a enamorarse, a entregarse. Le temía a Zamira. Zamira era capaz de sonreír y sobrevivir a todo. ¿Cómo era posible?

Hablaba del amor con belleza, lo describía como la mejor experiencia de su vida. Había sido traicionada múltiples veces, estaba sola y perdida en Ramsés ante un amor no correspondido. ¿Cómo aun le quedaban ganas de vivir? ¿De amar, de desear, de soñar con cuentos de príncipes y castillos?

Zoé sólo se divertía, jugaba a derramar el cáliz del deseo, a perseguir el triunfo placentero. Jugaba con la vida para no permitir que ésta jugara con ella.

> *"No amaré, no me perderé. Disfrutaré de este momento que es la vida y de esta vida que es este momento. Controlaré mis emociones. Ellas no serán más fuertes que yo".*

La cumbre es el deseo conseguido, es llegar a donde pocos han llegado, conseguir lo que pocos han conseguido. Ella sólo se conocía a sí misma cuando se quedaba a solas. Cuando abandonaba *La Ciudad,* cada noche, se preguntaba algunas cosas: ¿Existirá el amor? ¿Cómo es aferrarse a alguien? No precisamente porque lo quisiera sentir, sino, por lo mucho que le sorprendía observar a quienes sí lo sentían.

El sexo dejaba de ser divertido en la soledad, ella no se complacía. Es que no tenía sexo para disfrutar. Lo tenía para hacer disfrutar a los otros. Ese es su verdadero placer. Saciando la sed de los demás llenaba ese hueco en su mente, contestaba las preguntas a medias, y así vivía su vida, tan sólo a la mitad.

"¿Es el egoísmo innato en los seres humanos?
La bestia que tiene ojos sólo para ver hacia dentro, y juzgar todo lo exterior".

Salvatorex

Salvatorex conocía a Zoé muy a lo profundo. Él y Hari eran los únicos de **La Ciudad** que no se habían acostado con ella. Porque él la deseaba. *(Hari conectó con Zoé de una forma tan profunda, más allá de la piel y los vanos deseos).*

No había cosa que ella despreciara más que un hombre que la deseara y se lo diera a demostrar desesperadamente. A ella le gustaba atrapar a presas difíciles. Se jactaba de ver los rostros saciados. De llevar esos hombres a la cumbre. Ella también quería ser parte del juego de la seducción, y no sólo una espectadora.

La experiencia vino un día que estuvo con un hombre que la deseaba mucho, la deseaba tanto que ella no tuvo tiempo de disfrutarlo. Él se conformaba con verla y ella quería mostrar todo su encanto. Terminó rápido, una estrella fugaz sin siquiera la ocasión de pedir un deseo. Desde entonces, a ella le gusta disfrutar. Su gozo está en saberse capaz de satisfacer al otro.

No cambio esto por nada! Se repetía a sí misma siempre. Cada vez era más difícil estar lejos de la ciudad. Comenzaba a sentirse tan humana fuera de ella. El mundo exterior se estaba convirtiendo en su enemigo.

A veces preferimos vivir de la ilusión, sin tan siquiera pensar en que el destino es ese libro en blanco en el cual escribimos con una tinta indeleble a cada paso que damos. Al final, la ilusión se vuelve eso y sólo eso... Lo hecho, hecho está. No hay vuelta atrás. La ilusión se desvanece en un segundo y para siempre.

"Lo único que no se desvanece es una idea del alma".

Las ideas del alma son aquellas que al ser contadas provocan el deseo de los demás de decirte que no estás bien de la cabeza, que es imposible, que es una locura. Pero, ¿qué sería del mundo sin esas ideas? ¿Qué sería del mundo sin los locos soñadores?

Lamentablemente, no todas las ideas son tan productivas. Algunas son sólo recuerdos repetitivos por obsesión de cosas que no somos capaces de dejar ir porque no pudieron ser. La madre de los celos, la hermana de la duda, la prima de la inseguridad. La desconfianza que se convierte en paranoia.

A la chica de la historia del *"Ghosting"* se le metió en la cabeza la idea de que cuando se enamorara de verdad de un hombre, éste no querría estar con ella. Pensaba que no debió acostarse en la primera cita. Que tenía que trabajar sus técnicas sexuales porque pensaba que lo hacía bien, pero tal vez no.

De cada una de esas dudas salía un mensaje nuevo de texto que quedaba huérfano de respuesta e interés. Cada una de esas dudas iba drenando su seguridad en sí misma. Por alguien que conoció hace menos de veinte horas. Alguien de quien sólo sabía su nombre y sus gustos, y ni siquiera la octava parte de su historia, o de su historial mental, en todo caso. Y nunca se le ocurrió pensar que quizá no eran sus traumas, sino, los de él.

¿Qué es la cumbre? Esa meta que nos proponemos alcanzar y ligamos a la metáfora de subir y llegar a la cima. Aunque la verdadera cumbre está en el interior. Es hacia adentro y no hacia arriba que nos debemos dirigir. Es adentro que se encuentran revelados todos los secretos. Aunque primero debamos recorrer *El camino equivocado.*

El camino equivocado

Zoé llegó a la cumbre el día que conoció a ese personaje. El día que supo que ella no era ella, sino aquella. El día que conoció a Ramsés. El día que decidió perderse en el camino de lo desconocido.

Zoé se sentó un día llena de confusiones. Para ella la vida no era algo pasajero, era algo eterno. A ella le gustaba mirar el mar: "El amigo silente", lo llamaba. El que escucha y comprende sin pedir nada a cambio, el que no te juzga. A ella le daba rabia la gente que hacía un juicio de valor con un mínimo de información. Era juzgada muy a menudo fuera de *La Ciudad*, en ese supuesto "mundo real", donde todos se creen mejor que todos, pero odian al que se cree mejor que ellos. Irónico.

"El prejuicio no es más que nuestra imaginación reyendo que lo sabe todo".

Zoé es una chica amena, divertida, risueña. La gente tiende a juzgar lo que no conoce. Para ella la vida es excitante; y así la vive, con alegría. Se deja llevar por sus emociones, se deja dominar por ellas siempre. Porque al final, decía:

**"Quien no se deja llevar por sus emociones,
no aprende lo que es vivir".**

La organización no era precisamente su mayor don. Suele decir que el caos es su orden. Adora **La Ciudad** porque ésta no tiene reglas.

Es un lugar cómodo, pero si la inteligencia no primaba, fácilmente podías perderte en sus abismos, en sus laberintos llenos de trampas. Las mayores trampas son las ilusiones. Una ilusión sin un porqué es una esperanza vacía, un camino al que nunca llega el sol. Olvidado, pusilánime.

Cuando Zoé conoció a Ramsés ya él y Zamira se conocían. Zamira era, para ella, su enemiga. Era la chica perfecta que no era capaz de sufrir. Siempre de pie, pese a todo. Tal vez era envidia lo que sentía, pero a ella no le agradaba. Ramsés le provocó los más bajos instintos desde que lo vio. Supo que quería estar con él, quería llevarlo a la desesperación, hacer que él suplicara por el placer deseado.

No fue tan difícil lograrlo. Para Ramsés es tan fácil conquistar como ser conquistado. Ella lo provocó y él respondió. En un séquito de locura se entregaron. Ella lo sedujo hasta el punto de hacer que él olvidara sus propias razones. Por un momento, lo arrancó de este mundo y lo llevó por un sendero desconocido de éxtasis y placeres.

Se encargó de encadenarlo. De que cuando cerrara sus ojos se trasladara a esa dimensión que te aleja, te lleva y te trae. La que te da la sensación de perdición, pero te hace desear más. Lo hizo gemir, vuelto loco y sin idea la tomó por la espalda y sació su sed, su hambre, su deseo.

Ella no fue para nada indiferente. Aún así, tuvo que trabajarlo un poco, luchar contra su desdén. Pelear contra esa arrogancia de quien se sabe deseado. Arrebatarle gota a gota su soberbia. Porque para entregarse de verdad hay que soltarse y soltar.

El camino equivocado, el camino correcto, hermosa intersección adornada. ¿Cuál escoger? Lo fantástico de esta doble vía es que no hay señales que te indiquen cuál es cuál. Se camuflan entre ellos para crear confusión, te muestran lo que quieres ver, o lo que crees que quieres ver.

Para muchos, el bien y el mal son los mayores paradigmas de la sociedad. Enfrentarse a esta disyuntiva es quizás, el tema más complejo. Lo que para mí puede ser una filosofía de vida, para ti puede ser un concepto completamente errado. Si yo lo apruebo y tú lo repruebas, alguien debe estar equivocado, ¿pero quién?

¿Quién se encarga de juzgar a los ignorantes de la verdad que se aniquilan entre ellos para defender sus filosofías de vida?

Cada quien establece las reglas de su vida. Tiene "su propio creador", habla con Él a su conveniencia. El mundo también tiene sus propias reglas. No cumplirlas trae sus consecuencias.

"Eso es lo que nos lleva al camino equivocado o lo que nos saca de él".

Errar es equivocarse en lo que pretendíamos hacer bien. Tener la culpa de algo es cometer un acto a conciencia sin que nos importen las consecuencias. Un accidente es lo que sucede fuera de lo que hemos planeado. Planear es organizar, a corto o largo plazo, nuestras ideas y actividades. Planear es complicado, puesto que no se puede controlar lo que va a suceder, y así nacen los llamados errores, volvemos al principio. Un ciclo interminable de no darnos cuenta de cómo son las cosas.

Al final, no es más de una excusa para buscar un culpable, que entre todas las cosas, no va a resultar ser nunca nosotros, y no siempre lo somos, pero a veces sí.

Cada acto trae consigo una consecuencia. Cada acción requiere de una fuerza para poder ser llevada a cabo. La energía no puede ser Creada ni Destruida. Hemos puesto las cosas que queremos en el mundo, pero hay "Algo" que tiene poder sobre las cosas que ya estaban cuando llegamos. El tiempo, El destino, La muerte. La vida misma y sus tantos misterios. Luchamos tanto por tener ese poder de controlar, cuando es prácticamente la única cosa que verdaderamente no podemos tener. Y estamos ciegos ante esta verdad, y eso ha provocado que salgan a flote nuestras capacidades más oscuras, en el camino a su conquista.

Lo que nos lleva al camino equivocado es creer que estamos bien cuando estamos mal, y viceversa. La ignorancia. Creer que sabemos mucho cuando no sabemos nada. No saber y no buscar las respuestas. Lo que nos lleva al camino equivocado es vivir por y para los demás. Porque tantas veces preferimos hacer crecer nuestro ego a hacer crecer nuestras mentes, y perdemos nuestra identidad.

La chica del *"Ghosting"* ahora le cuenta su historia a sus amigas y amigos. A las mujeres les pregunta si les ha pasado, y trata de buscar un factor común que le dé sentido a su experiencia. A los chicos les pregunta si han hecho esto. Nueve de diez han dicho que sí. Las razones: docenas. No querer un compromiso con nadie. Estar superando aún una ex. Sólo querían sexo de una noche. Muy pocas razones tienen que ver con la chica en cuestión, y las que sí, no aplican a su caso, según ella.

Branco

Branco llegó a **La Ciudad** por "ella". Personaje misterioso y sin nombre. Él la vio una vez a lo lejos y supo que debía acercarse a ella, que debía hablarle. La siguió, pero ella caminaba demasiado rápido. Por un momento la perdió de vista, no supo qué hacer. Y fue cuando hizo su aparición *La Ciudad*. Entró por sus puertas amuralladas y no encontró resistencia. Estaba siendo aceptado como uno más de sus habitantes. Miraba a todos lados, conociendo, interpretando.

Veía a esos entes pasar y se preguntaba si todo eso podía ser real. Una vez alguien le dijo que él había sido, en su vida pasada, un gitano nómada de la España del sur. Astuto y malvado, con bajos instintos camuflados en una suave apariencia. Todo es capaz de cambiar por una buena pasión. Las secuelas de su historia pisaban sus talones y él no se atrevía a mirar atrás.

Buscaría a esa mujer, la encontraría. Aunque tuviese que recorrer cada uno de los muros de aquel lugar desconocido, al que bautizó: "Placer". Hacía tiempo que algo no le provocaba esos deseos tan oscuros y deliciosos a la vez. Hacía tiempo que no había visto a una mujer tan atrayente, tan peligrosa y tan etérea.

Estar de pie en las rúes de **La Ciudad** era estar en una nave camino a alcanzar los placeres deseados... De repente creyó verla a lo lejos, pensaba justo en su silueta y la vislumbró en el umbral de un palacete, corrió hacia él y al llegar... Resbaló por el trampolín del tiempo. La había vuelto a perder.

***

6 meses habían pasado desde el *"Ghosting"*, y la chica seguía obsesionada con eso. Imaginaba cientos de escenario donde se encontraba a este hombre frente a frente y le decía unas cuantas verdades. A veces, al escuchar alguna canción o al ver una película, fantaseaba con el amor soñado. Era una mujer hermosa, con maravillosas cualidades, y tenía muchos pretendientes a sus pies, pero ella estaba demasiado concentrada en su frustración para darse cuenta de que uno o dos de esos candidatos podían ser el amor que anhelaba encontrar.

A veces, soñar es desear vivir, hacer realidad los sueños, es vivir en realidad. Para los que sueñan despiertos: ¡tengan cuidado! Porque despertarse sin lo que desean puede llegar a tener un desenlace fatal. Tanto, como despertar a su vez: *El deseo prohibido.*

El deseo prohibido

...Y después de todo, se encontraron. Se vieron en un lugar donde sólo pudieran estar ellos dos. Era una salida para conocerse, hacerse más amigos. Nada de sexo. Ambos se consideraban especiales y querían establecer un vínculo. Pero la pasión de los cuerpos llama. Cerca el uno del otro, con una melodía tierna de fondo que los llevaba en su ritmo a un desenlace emocionante, era muy difícil contenerse.

A ella le fascinaba leerle a los demás, ser la dueña del momento. El silencio mientras ella hablaba, la expectación de quien la escucha. Leyó algo de su creación. Parte de su obra que creyó más importante. Él cerró los ojos al escucharla. Imaginó cada letra, cada palabra, cada frase y oración. Abordó el tren de ilusiones que ella conducía con su poesía en prosa.

— Escribes muy lindo— , le dijo sinceramente.

Ella se sentía tan atraída hacia él. Su cuerpo le pedía a gritos que cediera al deseo. Que lo provocara, que buscara su boca para besarla, que buscara su cuerpo para acariciarlo, que buscara su pasión para derramarla.

Él, por su parte, la observaba, silente. Sonreía mientras trataba de respetarla lo más que sus impulsos se lo permitieran. Se estimuló a sí mismo poco tiempo antes para mantenerse controlado. Suspiró a la vez que escuchaba la suavidad con la que ella hablaba. Su voz tierna, melodiosa y mágica. Ese conjunto de pasiones aún vírgenes que anhelaban locamente experimentar.

La observó completa. Mientras ella recorría con la vista lo escrito, se perdió en su dulzura sin usar la mente. Miró sus senos, pequeños pero perfectos. Su silueta fuerte y esbelta. Sus manos sublimes, capaces de provocar las más apasionadas caricias, la imaginó. Ya la había tenido entre sus brazos, sólo que ella no lo sabía.

Ella terminó de leer y sonrió. Él correspondió la sonrisa... Y es que para desatar una tormenta sólo hace falta una gota de agua.

"Las demás llegan por el simple hecho de no quedarse atrás".

Esa mirada fue el detonante de la tormenta de pasiones derramada esa noche, fue la gota que traspasó la roca hasta el fondo. La que los llevó a los dos hacia El Deseo Prohibido.

Hasta el sol de hoy, Branco no sabe su nombre. No sabe cuál fue esa mujer que se entregó a él esa noche. Pudo haber sido cualquiera, pero la duda lo atormentaba. En un momento, creyó haber escuchado que ella le susurró su nombre, pero en otro instante sintió que hizo lo mismo con un nombre diferente.

Esa mujer lo confundía demasiado. Como si fuera ella, y a la vez, no. Llegó incluso a creer que ella tenía más secretos que él, y eso de por sí, ya era mucho decir.

Rhina no tenía mucha emoción en su vida. Era tranquila, recatada. Simplemente normal. Pero, ¿qué hacía en *La Ciudad* si no era especial, si era simplemente normal?

Ella tenía una entrada directa: su amistad con Zamira. Zamira, la vendedora y prestamista de sueños. A Zamira le gustaba hablarle de sus ilusiones, le contaba tanto las historias de su vida como las que se inventaba. Zamira creía en la imaginación, en que todos tenemos un don para sentirnos útiles en la vida.

Crear era para ella lo principal. Por eso le fascinaba ser la amiga de Rhina, porque ella la escuchaba siempre. Siempre estaba dispuesta a dar su punto de vista; y lo mejor: la inocencia que reinaba en ella. Incapaz de hacer daño a nadie y sin pizca de maldad. Eso hacía que se complementara con Zamira y que ambas construyeran y fueran poseedoras de una gran Amistad.

"La amistad verdadera carece de reglas sociales".

Rhina era también amiga de Zoé, de hecho, era la única persona que la conocía en su totalidad. Zoé se escondía de todo el mundo. Inventaba mil vidas para que nadie conociera la verdadera. Hacía eso con todos, menos con Rhina.

Se podía decir que era lo único en lo que Zamira y Zoé se ponían de acuerdo: Rhina era una persona demasiado especial.

Zamira es la saltadora, la soñadora; Rhina la mantenía a veces con los pies sobre la Tierra. Aunque en algunas circunstancias la convivencia se hacía difícil. Zamira era incontrolable, a veces se equivocaba fuertemente porque no escuchaba ningún consejo.

"Las personas no me pueden decir cómo vivir mi vida".

Rhina se desesperaba porque sentía que su amiga se equivocaría un día de manera irreversible, aunque Zamira siempre sabía cómo salir de los problemas en los que se metía. Y por más que "el destino" y las circunstancias la golpearan, ella siempre estaba de pie. Siempre feliz.

Zoé, entendía perfectamente que Rhina era feliz en su vida tranquila, común, ajustada a los cánones, haciendo todo lo que se supone debía hacer. Sin embargo, en el fondo quería instar a Rhina a cambiar, a arriesgarse, alocarse un poco y olvidar el peso de las responsabilidades. Quería que ella conociera un mundo de aventuras, y que descubriera que la vida tenía tanto que ofrecer cuando uno se lanza al abismo de las imperfecciones y la contracorriente.

Al final, la miraba y entendía que ese mundo no es para todos, no porque no lo merezcan, sino, porque cada quien está feliz en el lugar que, desde el corazón, eligió para estar.

Ónix era el chico problemático. El tipo con una inteligencia mal administrada. Sabía hacer muchas cosas, pero de igual forma tenía sus grandes defectos: Era totalmente inestable. Podían ser miles las razones, pero en realidad, ¿quién sabe que pasa con una mente a la que se le ocurre simplemente divagar.

Sus sentimientos eran una bomba de tiempo. El fantasma de **La Ciudad**, el que nunca salía de ella. Él le temía sobremanera al mundo real. Le temía a las consecuencias de sus actos en una sociedad que sólo acepta entes perfectos. Justificaba sus errores y repercutía en ellos. Poco comprendido por aquellos que lo bautizaron como "loco", apreciado por los verdaderamente enajenados. Estaba muy loco para ser normal, y muy normal para estar muy loco.

Él pertenecía a **La Ciudad** porque, pese a sus debilidades, pensaba de forma diferente, era capaz de ver las cosas desde un punto de vista especial. Lo que nos hace especiales, no es exactamente lo que hacemos, sino lo que pensamos.

La mayoría de las personas no hacen ni la cuarta parte de lo que piensan, porque creen que piensan y sueñan estupideces; y que no tienen el mayor sentido ni la mayor importancia.

Pero algunos, son capaces de darle rienda suelta a su imaginación. Los que saben sacarle provecho a cada pensamiento o sueño extraño, los que no se cohíben ni se dejan perturbar. De otra manera, quien no se arriesga, quien teme al mundo exterior, se teme a sí mismo y se convierte en su mayor obstáculo.

Sucumbir al deseo prohibido es encomiar un demonio peligroso. Los seres humanos justifican cada error. Se mienten hasta a ellos mismos para no creerse culpables ni perder el placer que provoca hacer lo incorrecto, dentro de las reglas morales de la sociedad.

De la mano de cada invento está la mentira. Creamos las reglas para luego romperlas y hacer las cosas de forma oculta. Los tabúes nos cierran las dos puertas más importantes: los ojos.

Creamos el mal para poder ser héroes y ahora no sabemos cómo erradicarlo. Al final, todo se basa en lo que puedan pensar los demás, eso es incluso hasta más importante de lo que pensamos acerca de nosotros mismos.

Cohibirnos puede volvernos los seres más grotescos, pues sólo lo hacemos ante el acechante ojo de la sociedad. A oscuras, damos rienda suelta a todos esos deseos contenidos y prohibidos; a unos cuantos se les va la mano. No todos pueden ser capaces de guardar en su interior tantos secretos. Una diminuta, una extremadamente pequeña minoría, controla esos deseos, encauzándolos hacia un sendero más productivo, y aun así, algo les quita la serpentina corriente.

La chica del *"Ghosting"* ha empezado a salir con otros hombres. Descargó varias aplicaciones de citas y decidió salir de su zona de confort. Sin embargo, cada vez que empezaban a hablar de relaciones pasadas, ella tardaba horas y horas hablando sobre esta experiencia. Decía que esa persona tiene muy poca inteligencia emocional, como para no ser capaz de decirle a una mujer que no quiere verla más.

La mayoría de sus citas no pasaban de un café o de unos tragos.

Se fue a la cama con algunos chicos que realmente no le interesaban tanto, y los que la llamaban y le escribían constantemente, no eran precisamente de su interés. Tal vez a esta chica le habría convenido conseguir un pase directo a nuestro sitio secreto.

Pero la obsesión no es buena consejera y no te deja concentrarte en las verdaderas cosas importantes. La obsesión es como cuando manoteas una y otra vez a ese mosquito que quiere picarte. La constancia de la mano por evitar que él pase debería hacerle entender que tiene que alejarse, pero la sangre lo llama. De hecho, no es ni siquiera consciente de lo que es la mano. Sólo sabe que esa masa contiene su alimento y debe llegar a ella. Pero la mano sigue esquivando y alejando, y él sigue intentando, hasta que la mano se junta con otra y entre las dos, ponen fin a la misión del mosquito.

La obsesión evitará que entres a lugares que guardan verdaderos tesoros, ya que has elegido conservar reliquias sin valor que reflejan un momento pasado donde las cosas eran buenas, pero que ya no lo son ni lo serán.

La Ciudad acepta en su seno a quien no se adapte al firme modelo esclavista, haciendo revoluciones contra él. Porque de lo contrario, no seremos más que simples: *Seres en el Olvido.*

Seres en el olvido

Quería hablar sobre La doble moral, no en este momento, sino hace varios encuentros de Luna llena pero, ¿qué me pasó? ¿Qué le pasó a mi alma que dejó de sentir? ¿Qué le pasó a mis dedos que dejaron de escribir?

El escritor necesita su musa, ya sea el amor o el odio. O cualquiera de esos locos sentimientos que merodean por nuestra mente. Necesita saber que sus palabras tienen un sentido de fuerza mayor.

El escritor necesita tener una razón. Yo perdí mi razón por un instante. Si me dejo llevar por los humanos y sus cosas del mundo suelo perder la motivación que viene de otros mundos, de todos los mundos.

La duda es un error humano, eso de dejar de creer en nosotros mismos, perder el ritmo del constante "tarará" de nuestras vidas, los acordes de las bandas de nuestros deseos.

A veces dejamos de escuchar nuestra voz y oímos todas las demás, les prestamos atención, y empezamos a equivocarnos.

Zoé empieza a recordar esos seres que pasaron por su vida; al fin y al cabo, siempre nos importa lo que piensen los demás, siempre estamos a la espera de esos que llegarán y cambiarán un momento de nuestras vidas.

Los esperamos con ansias. Esto no necesariamente quiere decir que lo que piensan los demás sobre nosotros nos afecta, pero de que se queda esa duda clavada en la conciencia, lo hace. No obstante, podemos elegir qué hacer con ella, si disiparla, o hacerla crecer con nuestros temores.

¿El olvido existe en realidad? Sacar de nuestro recuerdo constante a quienes tocaron nuestra piel... Y nuestra alma.

Zamira sedujo a Branco, lo llevó hasta su cama en un intento bienintencionado de que él la conociera más. ¿Estaba enamorada? Ella siempre se enamora, de todos y de todo. A ella le interesa coleccionar vidas, escuchar historias, compenetrarse con seres que la hagan sentir especial.

Si pudiéramos elegir, con toda certeza, quiénes se quedarán en nuestra vida, sin duda alguna no existiría el sufrimiento. Pero la problemática está en que por más que lo intentemos, podremos saber lo que hay en nuestra mente, pero sólo especular sobre lo que hay en la mente de los demás.

La primera equivocación de Zoé fue pensar que sabía lo que había en la mente de sus... Amantes. Amantes que huyeron de su camino, cual espuma al contacto con el agua. Al final, ganan más aquellos que tienen chance de exponer sus voces, aunque no tengan orgullo.

Ramsés, Branco, Eliseo. Ellos tocaron su cuerpo y huyeron sin dejar rastro, se desvanecieron en los recuerdos de un momento de placer.

¡Seres humanos! Esta vez me desligo de ustedes. Siempre creen que no les volverá a pasar, que no tropezarán dos veces con la misma piedra. Pero la piedra se camufla y los confunde, y es ahí cuando se dan cuenta de que no controlan nada, sino, que se dejan controlar.

Mientras seamos los únicos que conocemos nuestros secretos, todo está bien. Conocemos personas maravillosas con las que nos abrimos tanto al conversar, pero siempre hay algo, siempre está eso ahí, en el fondo de la conciencia, que no le decimos a nadie. Incluso a nuestra voz interior, cuando intenta recordarlo, le decimos que se calle.

No es que queramos negar lo que somos, sino todo lo contrario, queremos que esa parte siga estando ahí, pero en silencio. Escondida en un rincón al que de vez en cuando nos metemos a ser libres, sólo para pintar la máscara que al final le mostramos a los demás.

Eliseo

Eliseo llegó a la ciudad sin querer. De que es especial, lo es, pero su camino se cruzó con el de Zamira en los rieles de una simple conversación, y en su momento: esa chispa en los ojos. Descubrir que no es sólo esa piel que se ve, sino que dentro, hay algo más. Ella fue la misma de siempre: coqueta, inocente, preguntando, corrigiendo.

Cuando el hecho extraño ocurrió. Cuando se vieron a los ojos y supieron que había algo más que temas en común, ella hizo su aparición: Zoé. Ella no se presenta cuando llega. Sólo habla y escucha, pero escucha más allá de lo que dice, y habla mucho más de lo que oyes.

Quiso jugar con Eliseo, y tras hacer que Zamira se fuera... Lo convirtió en su presa. Pero se equivocan si creen que no encontrarán alguien que los iguale en condición y los haga dudar de su propia existencia.

Eliseo era un genio del juego de la mente, las personas eran sus títeres. Pero su mayor maldad, era que sus víctimas supieran que habían sido utilizadas, incluso antes de que él se fuera lejos.

Es un actor que quiere la ovación del público al terminar la obra, y quiere vanagloriarse de lo bien que ha representado su papel. ¿Cómo era posible que las hubiera engañado a las dos... al mismo tiempo?

Hay momentos en los que uno quisiera una mentira. Un engaño que nos lleve lejos de paseo, en vez de esa cruda verdad que nos mantiene estáticos en el mismo lugar, dando vueltas a un asunto que no pudo haber sido de otra manera.

Ese deseo es, a veces, tan fuerte que nosotros mismos creamos esa falsedad. Nos inventamos esa historia para nuestros adentros, donde somos lo que no seremos y conseguimos lo que se perdió.

Debería darle miedo a cualquiera meterse en su propia mente y aceptar verdades que no han sido construidas por su fragmentada imaginación. Pero temblando o no de temor, es este un mal necesario si no queremos que se extrapole esa locura hacia un mundo donde sería imposible controlarla.

Rendirse ante la ignorancia misma y aceptar cierto nivel de magnificencia como seres, es lo único que nos mantendrá cuerdos en un mundo de contradicciones y máscaras mal diseñadas.

Un día conoces a alguien. La química es instantánea y sabes que serán amigos verdaderos. Resulta que comparten la alegría de tomar, y pasan noches y madrugadas hablando locuras de la vida frente a botellas de alcohol. Después de un poco de confianza empiezan a compartir ilusiones con unos cuantos *joints,* y todo es perfecto.

De repente, tú no estás en tu mejor momento económico, pero ese nuevo amigo tiene para compartir y te convida. Tú sólo tienes que poner tu presencia y tu compañía. Tiempo después la confianza crece y esa persona ahora te confiesa que de vez en cuando le gusta montarse en un vuelo de heroína y disfrutar ese viaje alocado. Ése es tu límite.

Eres un amigo real y en verdad aún aprecias a esa persona, así que te quedas ahí como testigo de algo que te sorprende pero que empiezas a entender. Sin embargo, no cedes. Después de un tiempo, ya es mucho para ti y te alejas. Tu desvaneciente nuevo amigo ahora se siente muy solo y empieza a abusar de la heroína porque se le hace difícil conectar con alguien que fluya en sus conversaciones como tú lo hacías. Se quiere controlar un poco pero no puede y empieza a perder su buena situación económica. Ahora no hay ni para los *joints* ni para el alcohol, mucho menos para la heroína. Empieza a sentirse sólo.

Tú tienes nuevas amistades más acorde con lo que quieres vibrar, sin embargo, visitas aún a este amigo que te pide dinero para "su viaje", lo haces pero te alejas cada vez más. Cuando tu amigo se siente solo de nuevo al aterrizar, piensa que lo abandonaron porque ya no tiene nada que ofrecer. Imagina que ahora que no tiene nada que dar tampoco tendrá ninguna compañía.

Tú, quisieras estar ahí pero la experiencia se te hace complicada, ya no la disfrutas, porque las cosas se mostraron a sí mismas en su verdadera forma y eso no es lo que querías ni buscabas. A veces ayudas a tu viejo amigo con dinero por pena, pero sabes que no está bien y ya no toleras ni un minuto a su lado. Quieres ayudar, pero no se deja. Te consume. Te alejas más. Él sigue pensando que la gente lo abandona porque ya no tiene dinero.

"Esta reflexión espera poder contarse a sí misma."

Ramsés, Branco, Eliseo, todos son de ella, y no son de nadie. El conquistador que no se deja conquistar; el hombre prohibido con la máscara invisible, y la presa que al final se convierte en cazador. Todos al final sólo son... Seres en el olvido. Y a ése, a ése que dejé escapar por perseguir lo correcto y no cargar con mi conciencia, sólo le dije: *"Si no fueras de la luna serías para mí".*

Si no fueras de la Luna serías para mí

Los personajes entran y salen de mi vida tal cual aire que entra y sale de mis pulmones. Me roban y me dan un poco de vida a la vez. Me atrevo a decir, de manera personal, que somos un camino. Que la gente pasa por nosotros dejando sus huellas, y que al madurar o no, nosotros dejamos las huellas en los demás.

Caminos andantes, variables, indecisos. A veces no sabemos a dónde dirigimos nuestra senda, a veces, simplemente, no llevamos a ningún lado. A veces, llevamos a todas partes.

Cuando miramos la luna, ¿qué vemos? ¿Un gran astro o un símbolo de inspiración? ¿O vemos ambos?

"Porque no es la Luna, sino los ojos que la miran".

Luego de Ramsés y Branco, la estabilidad emocional de Zamira estaba temblorosa. Esa mujer segura que se arriesgaba a todo parecía un holograma, tal vez estaba, pero ya no era real. Ser amada y sufrir, está bien, pero ser usada, pisoteada, eso no. Llegar a ese punto donde el amor es un mito, una bruja sin identidad que reparte maldiciones a diestra y siniestra.

Ella no quería ser hechizada, ella quería seguir luchando por sus sueños, encontrar "eso" que debe ser complemento de su felicidad. Pero se daba cuenta de que a cada tropiezo su corazón, en vez de romperse se hacía más fuerte, impenetrable.

Zoé, por su parte, estaba perdida. Andaba en *La Ciudad* bailando y disfrutando, tan feliz como siempre, amando por temporadas: "olorosa como la primavera, ardiente como el verano, pasajera como el otoño, y fría como el invierno".

Amando por espacios: yéndose y volviendo, nunca estando tan poco tiempo que hiciera falta ni tanto que causara hastío.

"¿Cuándo es algo nuestro? ¿Poseer? Sólo poseemos las ideas y, sin embargo, las regalamos al plasmarlas en algún arte a quien las quiera entender".

Entonces, si no somos dueños ni de nuestros pensamientos, ¿cómo pretender poseer al monstruo por excelencia? Al inestable, al inconforme, al que nunca sabe lo que quiere: terrible y amado: Ser Humano.

"Somos tan circunstanciales, y podemos olvidar con la misma capacidad o tal vez con una mayor, que con la que empezamos a domesticarnos".

Mirkah

Mirkah llegó a *La Ciudad* por una fotografía. No podemos saber cómo es una persona sólo por eso; o al menos no fuera de *La Ciudad*. En ella, todos tienen magia. Eso hizo que Zamira viera a Mirkah a través de ese retrato y supiera, o creyera, que estaban destinados a compartir una historia.

Mirar a alguien a los lejos y que el corazón dé un salto, ¿qué significa? ¿Amor? No sabemos, hasta que esa persona se acerca a nosotros y escuchamos su voz. Hasta que una sola palabra nos dice todo lo que queremos escuchar.

¡Hola!

La chica del *"Ghosting"* había pensado en todas las posibilidades para explicar lo que le había pasado. Hasta que conoció a un chico que le movió el piso y el Universo. Le gustaba tanto que ni siquiera le contó su historia. Se decidió a escribir una nueva con esta persona.

Incluso, a veces se preguntaba, cómo pudo haber sido tan tonta para desperdiciar casi un año de su vida obsesionada con algo que quizá nunca iba a poder explicar. No nos engañemos, a veces el fantasma vuelve al acecho porque el ser humano quisiera no tener que albergar nunca ninguna duda, pero hay que seguir. En definitiva, no hay otro modo.

La suerte existe. Ese elemento aleatorio que controla más del 80 por ciento de nuestras vidas. No es magia. Es sólo una manera de llamar a lo que no podemos explicar. Porque sabemos que de alguna manera todo tiene una conexión, pero aún no la desciframos ni la entendemos, y a eso hemos llamado suerte.

Entonces existe la buena y la mala suerte, y nuestra amiga estaba a punto de experimentar no sólo de la mala, sino de la más terrible de las suertes. Y no es que a la suerte se le pueda echar toda la responsabilidad, pero definitivamente no deberíamos culparnos a nosotros mismos por algunas cosas que pasan, de ésas que casi nunca se pueden explicar. Aceptar lo aleatorio aunque en el fondo todo esté conectado.

Este cuasi mágico príncipe encantado lo hizo también. Desaparecido desde la primera noche. Sin mediar palabras. Sin responder los mensajes. Un poco más descarado, incluso, porque se mantenía viendo sus historias en las redes sociales. Como un fantasma invisible. Ahora sí que la chica estaba casi convencida de que algo andaba mal con ella. Empezaba otra vez el martirio de sus pensamientos a susurrarle cánticos para alimentar sus inseguridades. Decidió salir a despejar la mente.

En un bar, conoció a una mujer que le contó que le había pasado lo mismo cuatro veces. Lo relató entre risas y entre trago y trago, diciendo que no le importaba, que lo que fue bonito es lo que contaba, mientras fuera bonito. Que ella estaba segura de sí misma y que hay personas que están rotas, pero tú no tienes que romperte con ellas. En el fondo, no quería pasar por todo ese proceso de dudas existenciales de nuevo. Así que se concentró en recordar la parte bonita que vivió los dos *"ghosters"* y empezó a sentirse diferente.

Su nueva amiga le dijo que no es bueno sentirse culpables por lo que otro es responsable. Que incluso, puede que haya algo malo con nosotros, pero la experiencia debe ser usada para aprender y corregir, no para martirizarse. Pero aseguró, que la mayoría de las veces no se trata de algo malo que tenemos.

Es muy difícil entender que alguien que nos gusta no se siente igual. Que esa persona está buscando cosas que no podemos ofrecer y que hay que seguir adelante. Alguien en el camino está buscando todo lo que hay en nuestro menú, sólo es cuestión de tiempo y paciencia. Así como cuando vas a un restaurante nuevo y no pides hasta que ya no tienes dudas de lo que quieres, a veces incluso, te vas sin pedir por no encontrar lo que buscabas. Piensa. Es así.

"Todo llega".

Xell

Xell no merece estar en **La Ciudad**. Es un tipo normal, aburrido, conformista, triste, pusilánime. De esos que dicen:

"Sólo vivo, total, me voy a morir un día".

¡Oh Vida! Dame fuerzas para no arremeter contra esos desdichados que siembran una sombra en el mundo, que riegan temores e inseguridades, que causan temblores de angustia y dolor.

Zoé salió un día de la ciudad y tropezó de espaldas con él. Ella estaba bajo la influencia de Zamira, ella quería ser como ella, por dicha razón decidió entrar en su juego: convertir a los demás en especiales, hacerlos dignos de entrar a **La Ciudad**. Pero eso no es tan fácil como parece. ¿En verdad influimos tanto en la gente como pensamos?

Al jugar con Fuego nos podemos quemar. En las Aguas profundas estamos propensos a ahogarnos. Corremos el riesgo de quedar sepultados en la Tierra, y en cualquier momento, podemos perder el Aire, así como con la falta de la Luz nos quedamos a ciegas.

Con los humanos existe una alta posibilidad de sufrir. Zamira había logrado abrir las puertas de la ciudad a otro tipo de personas en sendas ocasiones: a Rhina y a Mirkah, pero Zamira era la vendedora de ilusiones, Zoé era quien las compraba. Las posiciones varían, por ende, la magia no es la misma.

Zoé sólo logró responder las preguntas que siempre se hizo. Las lágrimas dibujaron con su tinta movediza las respuestas. ¿Existe el amor? Sí existe.

Ahora ella luchaba con el fango porque no sólo se había enamorado, sino que se había enamorado de un humano común y corriente, que la arrastraba hacia su mundo de nimiedades, modificando su conducta y purgando su magia con simples dosis de normalidad. Lo complejo de su vida se volvía simple complejamente. Con una sola palabra a la que le huyó tantas veces y encontró en el camino que menos esperaba: *el amor.*

Pero, ¿qué tanto tiempo puede perderse alguien a sí mismo por la grandilocuente majestuosidad del amor? ¿Tenemos que ir dando poco a poco nuestro amor propio para renunciar a una esencia trabajada, debido a unas cuantas mariposas en el estómago? ¿Cuánto tiempo viven las mariposas?

"El que saca comprensión de su amor propio se va quedando sin afecto para sí mismo. Y al llegar al punto cero, ya no habrá ni una pizca. Ni para continuar, ni para compartir".

Zamira, sin embargo, jugaba a David y Golliat. Con una piedra asesinaba al gigante sentimiento: que ella ama, claro, que sufre, jamás.

Cuando conocemos el amor y estamos dispuestos a vivirlo, no sufrimos ante una desilusión, sólo dejamos ir y esperamos a que vuelva otro, no mejor ni igual ni peor. Sólo otro diferente en esencia y calidad. Y si le preguntas: ¿has amado alguna vez? Ella responde:

"Todas y cada una de las veces que me ha tocado, con toda la intensidad posible. Mientras dure, como desde el primer día".

Creer que la primera persona de la que nos enamoramos será la única por siempre, es como jugar la lotería una sola vez y ganar. Las posibilidades son casi las mismas. ¿Y dejamos de jugar? Para nada. Lo hacemos costumbre. Incluso repetimos los mismos números cada semana, pensando que hacer lo mismo nos dará un resultado diferente, y puede que así sea. Pero...

Puede que nunca nos saquemos la lotería, pero no significa esto que dejaremos de jugar, e incluso, disfrutar el proceso, hasta nos alegramos al acertar al menos cuatro números o tres o menos...

Pero Zoé, negada a amar, segura de no sentir ese sentimiento: chocó con su propio muro y ahora yace en el suelo sin remedio a su dolor. No obstante, Xell está en **La Ciudad,** porque las puertas del sufrimiento ajeno le dieron entrada. Irónico como a veces no somos ni el camino ni el viaje, sino el peaje.

Los *"Ghosts"* dejaron de acechar y perturbar a nuestra amiga. De hecho, le pasó lo mismo unas cuantas veces más. En una de esas ocasiones pudo hablar con el chico y resultó que aún no había superado a su ex y tuvo miedo de crear lazos con alguien más, por eso prefirió desaparecer. Ella terminó por entender que eran sólo experiencias, y aunque aún no ha encontrado lo que quiere, vive experimentando tranquila y sin desesperarse. La experiencia le sirvió para alimentar un poco su amor propio y su confianza.

Mientras otros juegan a sufrir, Zamira juega a explorar, Mirkah la tiene encantada, le interesa descubrirlo. Poco a poco, no se desespera. Hará las cosas igual que siempre, de una manera diferente.

Ella sí tenía un temor: el temor a que él no fuera tan interesante como parecía, el temor a desencantarse.

¡Oh maravilloso mundo de los deseos! Ella sentía un gran deseo y no lo negaba, pero Él, es de esos que pertenecen a la Luna, de los que se pueden tener por las noches y al amanecer, son sólo el recuerdo de una luz incandescente.

Descubrió, un tiempo después, que una loba empezó a aullar fuertemente, porque él era la Luna misma. Que anteriormente pertenecía al sol. Sol que lo quemó hasta un punto que decidió irse con la loba.

¡Ay Zoé! Ella habría podido ser esa loba. Pero le faltó valor para atreverse a reclamar lo que no le pertenece. Además, esa loba debe vivir asustada, con el temor incrustado de que un día su luna alumbra otro sendero, y otra loba acecha su guarida. Es la venganza del sol.

Zamira ha saltado tanto de aquí para allá. Zoé no ha dejado de acompañarla nunca. Son la amalgama perfecta. Una combinación que le permite vivir todas las emociones, sentir todos los miedos y disfrutar cada alegría. Han aprendido lecciones por sí mismas y por el ejemplo de la otra. Sabiendo dónde pisar, de dónde irse, dónde quedarse, cuándo correr, cuándo llorar, cuándo callar.

Y en el camino han aprendido a cuidarse de esos que te hacen sucumbir al *Deseo Prohibido*, para no recoger jamás la *Pasión Derramada* entre el *Tumulto*, llevándote a vagar por las calles del *Camino Equivocado*, y que a la vez te elevan a una *Cumbre*, donde la *Pasión se Desarma,* pero que conscientes de nuestro destino, enviamos esos ***Seres al Olvido.***

El que se fue un día de invierno

En memoria de Rodrigo Escobar

Ya no recuerdo bien si era verano, primavera, otoño o invierno, ya no recuerdo el día ni la hora, pero recuerdo que te conocí, que hablamos en poesía y así fue siempre.

Tu mirada hermosa me deslumbró, no como se deslumbran los amantes, sino, como deslumbran los ángeles a los mortales inconscientes. Me dijiste que volabas cada noche y yo quise volar contigo, en la metáfora de nuestra amistad conocimos otros mundos. Aunque nuestra conjugación fue efímera, el sentimiento de dos almas que se compenetran sin sentido es infinito; eterno.

Hari vagaba por *La Ciudad* buscando su lugar. Hari sobrevolaba los campos del arte con tal magnitud, que quien lo llegase a ver no podía evitar quedar deslumbrado, al menos, yo lo estuve.

Cada uno de los personajes de esta novela es real, existen en el Tercer Planeta, viven cada día por la ley inexorable de reproducirse y volar al más allá a tiempo o a destiempo.

Tú, no lo sabías, no sabías quién eras en mi vida ni qué tan importante te habías vuelto para esta trovadora que se sentaba a escribir cada noche esta poesía en prosa que tanto amaste, hasta ese día.

Entre lágrimas me dijiste que escribiera sobre ti, que dejara tu recuerdo en el mundo en forma de literatura.

— Ya lo he hecho mi ángel— , fue mi respuesta, y te mostré ese capítulo que ya habías leído, sin comprender la profundidad de esas palabras. Lloramos.
— Llora, te dije.— *"Que las lágrimas limpian el alma del pasado infesto"*.
— "Dios quiere darme Alas verdaderas"— , fue lo que dijiste y nunca imaginé, hasta ahora, lo que eso podría significar.

 La hecatombe de mi alma no se calma con el consuelo, y el deseo de darte la mano no se irá con resignarme, pero te envié mi regalo, el regalo más grande que podía haberte dado.

Sólo me queda seguir creando este arte, cumpliendo la promesa que nunca te hice, y mirar en mi mente tu sonrisa; y saber que cada vez que un perro ladre en la madrugada, tal vez no seas tú, pero me recordará a ti.

Escribo una historia en la que tu vida es mi dulzura, en la que aceptar que somos seres efímeros es tal vez mi mayor dolor. Escribo esta historia porque dejaste una huella.

Te retrato con el amor con el que una madre cría a su pequeño y lo pierde para siempre de manos de la mayor enemiga de la vida, y la escribo tan real como me sea posible, aunque en mi historia: tú sigues con vida, mi ángel.

Te dejo ir en el mundo. Sé, o por lo menos creo, que ya no te veré en ninguna vida subsiguiente, pero sueño con que en mis viajes astrales al mundo de las ilusiones, pueda encontrarme alguna vez contigo y me digas, lo que sea que me quieras decir. Para que volemos juntos un rato, *mi ángel*.

Ese invierno en el que no estuve presente, partiste y te llevaste contigo el recuerdo de tu amiga, el amor de sus escritos, y el más sincero y especial sentimiento. Vuela y no te olvides de pasar frente a mí cada noche, porque como una vez te dije:

— Soy esa luna que ha de vigilarte por siempre, aún cuando no la veas".

Hari, mi ángel, Rodrigo, tu *"Amore"* escribe estas líneas recordando ese café que nunca compartimos o esos planes que no llegaron a realizarse, pero cuando suba a un escenario te recordaré, y una rosa blanca me susurrará al oído que vuelas entre el cielo y el mar con una hermosa sonrisa.

Nada somos, nada valemos, más allá de lo que creemos, y cada noche al entregar nuestra piel sobre la cama o el suelo, nos convertimos en Espíritus del Mundo Superior, hasta que un día, simplemente, no regresamos. Esto no es un final.

La Ciudad sigue ahí. La inspiración sigue llegando para recordarnos algo extraño que siempre volvemos a olvidar.

Cada pérdida es una prenda vieja que un día, simplemente dejamos de usar. No es una simple comparación, aunque arriesgada, y como con todo, sólo hay que volver a leerlo, volver a entenderlo, volver a aprenderlo. Siempre vivimos asustados del cambio. ¿Cómo no temer al cambio más grande de todos?

Entre una ecuación que cada vez tiene menos sentido, no es el sentido lo que nos mantiene respirando, es la simple curiosidad de que un día todo será revelado, aunque sea sólo para descubrir que no era nada y que hicimos todo mal; o no.

"A dondequiera que hayas ido, por si algún día tenemos la dicha de encontrarnos".

Made in the USA
Columbia, SC
04 March 2024